AF582704

LA CABAÑA DE LAS ABUELAS

Viviana Valdenegro Aliaga

LA CABAÑA DE LAS ABUELAS

Editado por: Corporación Ígneo, S.A.C.
para su sello editorial Ediquid
Av. Arequipa 185 1380, Urb. Santa Beatriz. Lima, Perú
Primera edición, julio, 2022

ISBN: 978-612-5078-22-3
Tiraje: 50 ejemplares

Hecho el Depósito Legal en la Biblioteca Nacional del Perú N° 2022-05396
Se terminó de imprimir en julio de 2022 en:
ALEPH IMPRESIONES SRL
Jr. Risso Nro. 580 Lince, Lima

www.grupoigneo.com
Correo electrónico: contacto@grupoigneo.com
Facebook: Grupo Ígneo | Twitter: @editorialigneo | Instagram: @grupoigneo

Diseño de contraportada: Mariana Barrientos
Corrección: Milagros Amarista
Diagramación: Dianora Gómez Nessi

Fotografías de plantas y flores con licencia Creative Commons:
Pixabay (www.pixabay.com), Unsplash (www.unsplash.com)
y Wikipedia (www.wikipedia.com)

Colección: Integrales

Contenido

Dedicatoria 9

Introducción 11

La importancia de recuperar a las abuelas 11

La cabaña de las abuelas 15

La wipala 17

Creación terminada: la chakana formada por cuatro wipalas 19

Las siete abuelas ancestras de la chakana 23

Malva 38

¿Cómo conectar con las abuelas? 39

Sobre sus nombres 41

La cabaña de las abuelas ancestras 49

Diseñando tu cabaña 51

El manto de vida 53

Celebrar a las abuelas y los abuelos 55

A manera de cierre 57

Momento para agradecer 59

Más agradecimientos 61

Para todos los bebés, niñas y niños, quienes merecen tener una abuela o un abuelo mágico.

Quiero que sepan que nunca están solos, que están siempre rodeados por el amor de su linaje familiar, ancestral y cósmico.

Dedicatoria

Dedico este relato a mi familia y a mi linaje completo, conocido y desconocido. Soy gracias a ustedes.

A mi nieta, Amparo, quien me inició en el trabajo de ser abuela.

A mis abuelas y abuelos alados.

A mi abuela guardiana, Rachel Fitzgerald, que con su varita mágica me dio el regalo de su amor y bendición.

A todas las mujeres que han depositado el tesoro de su confianza en mí y en mi trabajo como orientadora, terapeuta y abuela contenedora.

A todas las mujeres que tienen grandes dones creativos guardados, esperando florecer.

Al precioso entramado de seres de diferentes reinos y elementos que me permiten habitar este maravilloso manto de vida llamado Madre Tierra.

Introducción

LA IMPORTANCIA DE RECUPERAR A LAS ABUELAS

Este libro es una invitación a centrarnos en las abuelas. Propone la necesidad de recuperar el espacio sagrado que les pertenece, pero ¿qué es ser abuela?

Se podría urdir una hermosa conversación sobre qué es ser abuela, cuál es su imagen y su rol y para qué recuperar a las abuelas y su espacio sagrado, alrededor de una mesa con amigas, compartiendo una rica taza de té.

Para mí, ser abuela, iniciar este tránsito, tiene que ver con varios hitos cruciales en nuestra vida que se entrelazan:

- El cese del ciclo reproductivo, con la ausencia de la menstruación. Notorios cambios físicos que nos llaman a cuidarnos y a cambiar el ritmo de vida.
- La partida de los hijos del hogar.
- El arribo de las nietas y nietos.
- La muerte de uno o ambos padres.
- Las señales claras en el nivel físico, mental emocional y espiritual de que ya no estamos en ese valorado espacio llamado juventud y adultez joven.
- Y, además, la sensación de responsabilidad creciente por nuestra familia, comunidad y planeta, en especial por aquellos más vulnerables: niños, ancianos, plantas, animales, agua...

Todas estas situaciones nos pueden indicar que estamos llegando a un nuevo espacio sagrado de la vida y pueden traer consigo varias cuotas de dolor, confusión, cuestionamiento o reflexión de lo vivido, alegrías y hasta una bolsita tejida, llena de semillas para germinar y compartir, si así lo elegimos y decidimos. Me pregunto: ¿por qué debemos recuperar a las abuelas?

Siento que, en primer lugar, debemos rescatarlas para nosotras mismas, independientemente de si tenemos o tendremos nietas y nietos, ya que considero que el rol de abuela está más allá de que tus hijos sean padres.

Creo y propongo que podemos y debemos ser nuestra propia abuela, quien nos sostenga desde el conocimiento más profundo de quienes somos de verdad. Con un amor incondicional, como el que anida en el corazón de las abuelas sabias, que contiene lo mejor de lo vivido, después de haber saboreado lo dulce y lo amargo, de haber sentido el amor y el desamor, de haber visto miles de noches estrelladas y de contemplar cómo se han estrellado algunos de nuestros más queridos sueños y proyectos; luego de presenciar en primera fila el curso de nuestra propia historia entretejida con la historia familiar, nacional y mundial.

¿Has pensado en quien te podría amar con más amor en este plano humano que tú misma, siendo tu propia abuela sabia?

Andar este camino con conciencia nos permitiría llegar a ser abuela de nosotras mismas, de nuestro linaje y de la comunidad de seres que forman el manto de vida de este bello planeta.

Pienso que ser abuela es retornar con generosidad parte de toda la abundancia recibida en el transcurso de nuestra vida, que se ha nutrido y sostenido gracias a miles y miles de interacciones, algunas imperceptibles, pero imprescindibles para la vida.

Poder visualizar la magnificencia de la vida desde la gratitud es una de las semillas más valiosas en el corazón de una abuela.

Por otra parte, siento de forma profunda que en este tiempo es muy importante recuperar la figura de la abuela en nuestras familias y clanes. En esta cultura, en donde ser y mantenerse joven es un deber, llegar a este lugar dentro del clan familiar tiene algunos obstáculos y desafíos. Uno de ellos es el miedo a envejecer; otro, el haber logrado aquilatar un legado que entregar.

¿Te has preguntado cuál es el legado que estás creando día tras día y cuál será el tesoro que dejarás tras tu partida de este plano? Siento que dejar un espacio, un mundo mejor que el que nos recibió, sería una buena forma de celebrar este tránsito llamado vida y, para ello, solo es necesario cumplir nuestro propósito, desarrollar, disfrutar y compartir nuestros talentos, todos en absoluto necesarios, incomparables y maravillosos.

La vida, tal como se vive hoy, muchas veces no permite la observación ni el tiempo para reflexionar y desarrollarse humana y espiritualmente. En este sistema se prioriza el hacer y el tener. Es imprescindible avanzar hacia el ser, lo que nos daría una base sólida para definir qué es lo que en realidad queremos hacer y qué es lo que necesitamos tener.

Por esto, considero importante que podamos concebirnos a nosotras mismas como abuelas, grandes y seguras, firmes y dulces, alegres y reflexivas, activas y serenas; que podamos prepararnos para transitar ese sendero; que construyamos nuestra maravillosa cabaña en el corazón.

Por otra parte, como la niña que fui, no tuve abuelas que me dieran esa dulzura que esperaba de ellas; a los abuelos les crecieron alas muy jóvenes, al igual que a mi abuela paterna, y mi abuela materna no tenía tanto espacio para mí en su corazón.

Con toda seguridad, la historia de mi abuela materna fue muy difícil y no pudo ser esa abuela que yo añoraba y necesitaba, fue, por así decirlo, una antiabuela. Esto siempre fue una de las tantas heridas que marcó mi camino, por eso agradezco de forma profunda este gran regalo recibido desde la sabiduría ancestral.

Momento y espacio para honrar:

Escribe aquí el nombre de tus abuelas y abuelos paternos y maternos.

Ellas y ellos son **las raíces** en nuestro viaje.

¿Qué es lo que recuerdas y atesoras de cada una o uno?

Si no atesoras nada de ellos, ¿qué te hubiese gustado recibir de ellos y, por lo tanto, ¿qué quieres construir dentro de ti, como tu propia abuela?

LA CABAÑA DE LAS ABUELAS

Traigo en mi ser una conexión que me ha permitido observar, en algunas ocasiones, una realidad más allá de lo visible, por lo que a diario siento, percibo, recibo imágenes o mensajes que están más allá de la esfera racional y que se relacionan con el plano intuitivo-espiritual.

Así he ido transitando este camino, con un pie en esta realidad y el otro en un mundo de sueños y visiones que me daban y me dan la motivación, inspiración, fortaleza y sentido para poder seguir avanzando muchas veces, pese al paisaje y el desenvolvimiento de procesos claroscuros internos y externos, propios de la experiencia humana.

Este camino me fue entregando pistas increíblemente bellas y llenas de sentido. Mi entendimiento se fue ampliando y, a la vez, todo se fue simplificando, ya que mi mente se fue desmalezando de creencias limitantes y pesimistas.

Había vivido la experiencia de haber sido rechazada por mi abuela materna, al punto de que ella quiso evitar mi nacimiento y, luego de nacida, me trató de forma poco amorosa, marcando, ante mis ojos de niña, una gran diferencia respecto a la forma en que se relacionaba con mis hermanos; sin duda, esto impactó mi vida.

Luego de atravesar muchas experiencias dolorosas, en las cuales repetía, de alguna forma, los patrones de relación que tuve con mi abuela, fui encontrándome con mujeres contenedoras, sabias y de gran corazón. Así fui recobrando la confianza, la inocencia, la felicidad y, con ello, surgió la creatividad, el juego y la comprensión del amor como el componente esencial de todo, que se traduce en el flujo perfecto de la vida.

Cada vez con menos protocolos y más sentidos, mi entendimiento se fue clarificando a través de la llama de una vela encendida a la madre tierra, con un humito aromático danzando frente a mis ojos o solo sintiendo el viento.

En esos momentos mágicos de conexión mi cuerpo se transformaba en un nido-raíz que me permitía volar a territorios desconocidos, que circulan en mi sangre y en mis huesos y se proyectan en un cielo oscuro y lleno de estrellas. Puedo estar en un bosque, puedo estar en la orilla de una playa, en una montaña o desierto, con mi corazón. Este transitar tan femenino, tan mágico, me fue llevando a muchos lugares y así llegué al norte. A pasos agigantados, mi sendero se fue volviendo cada vez más nítido.

LA WIPALA

Y en esa nitidez, en este entendimiento, que se fue aclarando poco a poco, fui recordando... Desde hace muchos, muchos años, un antiguo símbolo me resulta muy cercano, muy querido, como una imagen que me guiaba, que me llamaba y tiene un lugar en mi vida, en mi hogar, en mi sahumador, este símbolo es la chakana andina

La *chakana* es un término quechua, que significa: «objeto a modo de puente». Es también llamada 'cruz andina' o 'cruz escalonada', que se asocia a la cruz del sur y se encuentra en diversas culturas.

Hace un par de años surgió en mí el anhelo de unir cuatro wipalas (bandera utilizada por los pueblos andinos) para formar una gran chakana. Cuando llegó el tiempo preciso, hace una luna, comencé con mucha dificultad enhebrando la aguja, pero con perseverancia fui cosiendo, primero en forma lineal y luego, al terminar la unión de dos wipalas, sentí la necesidad de hacerlo de una manera diferente, por lo que comencé a unir cada conjunto de cuadrados de un mismo color.

A medida que avanzaba en la costura, ciertas situaciones de mi vida se iban conectando con el color que iba cosiendo, como si fuese un prisma que me permitía ampliar la mirada y me aportaba una energía de comprensión, de inspiración e integración.

El cuadrado caracteriza, en esencia, el mundo material, por lo que siento que la chakana nos ayuda en este plano, como un mapa, una linterna o una brújula que refleja el cielo, que refleja el «todo».

CREACIÓN TERMINADA: LA CHAKANA FORMADA POR CUATRO WIPALAS

Este trabajo fue realizado con lentitud, pues no era una labor guiada por el deseo de concluir, sino que cada color unido reflejaba una parte de mi proceso. Al terminar, lo primero que hice fue cubrirme con la chakana, la usé como manta sobre la cabeza poniendo el centro solar sobre mi chakra de la corona y fui respirando cada color-rayo para nutrir, aliviar y fortalecer lo que necesitaba reforzar en ese momento; ella iba consolando y sosteniendo... Fui como una niña juguetona que hace algo solo por experimentar, sin expectativas.

Cuando comencé a unir los cuadrados por color, partí cosiendo los cuatro **amarillos**, formando así el centro. Esto no fue pensado, analizado, ni preconcebido, solo se dio así. Entonces, yo relacioné este inicio con el hecho de que en nuestro corazón está la inspiración que es como el sol, luz que nos nutre, sabiduría anhelada; es el inicio desde dentro hacia afuera, para luego volver, con los frutos de la experiencia, a anidar en él.

Al utilizar tanto la chakana como la wipala lo hago con muchísimo respeto y amor, así también al interpretar los colores. Quiero dejar claro que utilizo el conocimiento que ha llegado a mí, como mujer mestiza, occidental, champurria. No pretendo hacer una interpretación desde la sabiduría andina y no afirmo que esta interpretación sea la «correcta» u original.

Seguí con el **naranja,** color asociado a la alegría, el juego, el gozo y la sensualidad; el disfrute de los sentidos, la energía que surge de la unión del sol con lo femenino, con la sangre de vida.

Da vitalidad, confianza, júbilo; es la fuerza de la creatividad que venimos a desarrollar para ser autoras de nuestra propia vida, como obra maestra.

Luego el **rojo**: la vida que merece ser vivida, sangre de vida que asocio al ciclo menstrual femenino y al recorrido por las cuatro lunas. Es la concreción de la vida en el mundo físico, en el plano terrestre; energía cálida que otorga vigor; es flor que se abre y fruto que madura; es energía palpitante; es acción concreta en el mundo, transformadora, cotidiana y motivante.

Después el **violeta**: unión de lo femenino y lo masculino (rojo y azul), transmutación, elevación de una situación o problema para alcanzar una mayor perspectiva, la mejor solución, **el mayor bien**, siendo nuestra espiritualidad la que nos permite dar este salto. Es el primer color en rodear por completo cada cuadrado anterior. Implica la toma de conciencia, darse cuenta de la acción-reacción.

Continué con el **azul**: energía más masculina, más fría, que otorga disciplina, el poder de la estrategia, a la vez que permite poner los límites para defender el centro, que es nuestro sol-luz interior. Es calma, sobriedad y serenidad. Mirada que incorpora una amplia perspectiva de las interacciones, de la situación, como la visión del águila o el cóndor que se eleva y ve un amplio paisaje.

Continúe con el **verde**: sanación que nos otorga la madre tierra con su belleza, su diversidad de seres, de paisajes. Nos da la oportunidad de visualizar esa pluralidad, cómo se integra sin problemas en un todo, aportando más belleza y completitud, esto es en sí mismo parte de la sanación.

Los seres espirituales de la madre naturaleza: plantas, árboles, hierbas, flores, se donan a sí mismos, hay tanto amor en ellos y ellas. Nos ayudan **a aceptar el descanso**, nos sanan las magulladuras y moretones después de la caída o el enfrentamiento; nos revitalizan después de enfrentar, experimentar o gestionar el conflicto, el dolor y la pérdida.

Finalmente, el **blanco**: la purificación, la sabiduría final del camino, las canas, las nieves eternas, la ascensión... veo un cóndor-águila que abre sus alas y emprende el vuelo. Amo la pureza de lo original, de lo simple, de lo que es y no se explica, porque se siente y se vive. Después de todo lo experimentado, una profunda paz lo inunda todo y se libera el cuerpo físico para volver a habitar y ser el «todo».

Siempre sentí y supe que la chakana es un portal, una iniciación y por más que leía no encontraba la respuesta, la fórmula para acceder a ese portal. Ahora siento que no hay una forma lineal de leerla, se vuelve circular y espiralada, no es clasificable, estructurada o definitiva.

Cruzar este portal y recibir su mensaje, surge para mí en el momento más doloroso que he vivido... y agradezco la sincronía majestuosa que me guía y me contiene siempre.

De esta manera, al terminar de coser estas cuatro wipalas que formaron una gran chakana, sucedió algo inesperado: pude ver con los ojos del corazón a siete abuelas ancestrales, emergiendo cada una de un color contenido en un grupo de cuadrados.

Sentí en mi corazón que el propósito de todo este trabajo de costura era recibir la visita de las ancestras de todos los linajes que habitan en mis huesos y en mi sangre; ellas reflejan a todas mis antepasadas, elevadas a su máximo, puro, noble y auténtico potencial. Ellas vinieron a consolarme y acompañarme, se acurrucaron conmigo en ese momento, desde el centro de mi propio linaje.

Así fue como, a través de la chakana, fueron ingresando, una a una, dulces, risueñas, serenas y prácticas ancianas que son el reflejo del amor transitado y purificado:

«Bienvenidas abuelas, ancestras, dancemos juntas a la luna y al sol, acompáñenme en mi cocina, en mi jardín, en mi altar de la vida, que es mi cuerpo y el cuerpo de la madre tierra».

LAS SIETE ABUELAS ANCESTRAS DE LA CHAKANA

Trato de comprender por qué a mí se me presentaron estas siete ancestras, y creo que tiene que ver con mi infancia y con lo que estoy trabajando/sanando en este momento de mi vida, que se relaciona con mi linaje materno.

En otros momentos he recibido la presencia de parejas de abuelo y abuela, pues en la cosmovisión andina todo viene en parejas. Este legado, estoy segura, también se encuentra en el linaje masculino, por lo que invito a los varones a buscar en su corazón a sus ancestros elevados, su máximo potencial, sin duda encontrarán muchas maravillas, sabiduría, nobleza y amor.

Desde el centro de la chakana, compuesto de cuatro cuadrados amarillos, surge:

La abuela Rayito de Sol

Dulce y risueña, con largas trenzas y delantal floreado, sabe muchas cosas importantes y te las va enseñando a su debido tiempo, pues ella sabe, con exactitud, si estás en el momento preciso para comprender esa lección.

Su presencia es como un amanecer, porque te ilumina con cada palabra. Te puede enseñar a leer, a conocer las plantas, las estrellas y, también, te cuenta las enseñanzas de tu linaje. Te ayuda a no tener miedo de cometer errores y a que no sientas vergüenza por no saber una respuesta. Le gusta acompañarte en silencio cuando estudias, haces tus tareas o investigas y hasta te puede susurrar una palabra clave o llevar a la información exacta que necesitas en ese momento.

Le gusta que aprendas de todo: ciencias, arte, matemáticas, idiomas, música, tecnología. Para ella aprender es lo que da sentido a la existencia. Tiene la capacidad de asombro de una niña o niño. Te invita a reflexionar sobre lo que va sucediendo en tu vida y te anima a encontrar la sabiduría que reside en todo.

Le gusta beber té de manzanilla con miel y tomar sol en las mañanas. Su postre favorito es la leche con sémola, canela y vainilla, y ama las mazorcas de maíz y los girasoles.

Usa perfume con aroma a limón. Le gustan las adivinanzas, los trabalenguas e investigar largas horas un tema que le apasione.

Ella te entrega el amor a través de sus enseñanzas y conocimientos, que le permiten tener una amplia perspectiva y visión de la vida.

¿Qué tema nuevo te gustaría investigar en este momento?

¿Conoces a alguna mujer en la que se exprese la energía de la abuela Rayito? ¿Quién es?

¿En qué aspectos tuyos está presente Rayito?

Al unir los 8 cuadrados anaranjados surge:

La abuela Alegría

Risueña, juguetona, traviesa y bromista. Le gusta vestirse con una gran sonrisa, usa vestidos con lunares y en sus bolsillos guarda dulces y sorpresas para los niños y niñas que encuentra en su camino, aquellos que habitan en nuestros corazones.

Le gusta bailar, esconderse y divertirse, le encanta crear e inventar lo que sea. Puede pasar mucho tiempo creando un juego, porque sabe que jugar es algo trascendental para todos los seres, desde los animales hasta las hadas... así que pierde la noción del tiempo cuando crea y juega.

Le encanta viajar y tener aventuras, conocer gente nueva y disfrutar la vida. También le fascina saborear un rico dulce, oler flores, tocar diferentes texturas, observar un bello paisaje o el cielo con sus cambios.

Le gusta acompañarte cuando te columpias y te tiras por el resbalín, cuando haces acrobacias o saltas en la cama. Adora juntar botones, semillas, hojitas o piedras.

Cuando llegas a la adultez y te pones a jugar, ella se muere de la risa, eso le da mucho gusto y le hace mucha gracia; así como cuando a alguien, sea chico o grande le da un ataque de risa.

Le gusta comer pastel de zapallo con pasas y nueces. Le gusta preparar ricos licores dulces para las fiestas. Usa perfume con aroma a mandarina y naranja.

Ella te entrega el amor a través del juego y la diversión, que serán tu dulce armadura cuando vengan tiempos difíciles.

¿Conoces a alguna mujer en la que se exprese la energía de la abuela Alegría? ¿Quién es?

¿Qué es lo que más te hace reír?

¿En qué aspectos tuyos está presente Alegría?

Al unir los 12 cuadrados rojos surge:

La abuela Añañuca

Fuerte y fornida, sonriente y enérgica, sabe hacer muchas cosas: cocinar, plantar, amasar el pan y puede caminar mucho sin cansarse. Le encanta caminar hasta el río o subir un cerro para buscar hierbas. Sabe todo sobre plantar: cuándo, cómo y dónde una plantita será feliz.

Te enseña que el trabajo no es un castigo, sino la forma de aportar tus dones a la comunidad y sentir una profunda felicidad. Ella también te enseña a ser metódica y tener disciplina para hacer tus deberes y ejercer tus derechos, ya que casi todo necesita acción y organización. Le encanta resolver problemas prácticos, como arreglar algo que se echa a perder: un enchufe, una herramienta, clavar y atornillar, resolver el problema la hace feliz.

Te acompaña cuando te caes y te da valor para levantarte. También te anima cuando te ejercitas para ser más fuerte. Ama los animalitos, pájaros e insectos. Su criatura favorita es la chinita. Usa el pelo en un moño alto, lleva puesto un vestido rojo con flores y un delantal blanco. Le gustan todos los alimentos que dan energía, como las legumbres y frutos secos, y le encanta tomar en invierno un tazón de chocolate caliente con cáscara de naranja y canela. Siempre está trabajando en su jardín.

Ama las frutillas y las manzanas rojas. Huele a canela y salvia. Ella te entrega el amor a través de muchas acciones cotidianas.

¿Conoces a alguna mujer en la que se exprese la energía de la abuela Añañuca? ¿Quién es?

¿Cómo está tu energía para transformar en acciones tus ideas?

¿En qué aspectos tuyos está presente Añañuca?

Al unir los 16 cuadrados color violeta surge:

La abuela Violeta

Calmada, sabia, comprensiva y compasiva, le puedes contar aquellas cosas que te avergüenzan y ella te dará un buen abrazo y consejo. También te ayudará a enmendar lo que hiciste de manera equivocada, te enseñará a disculparte si es preciso y a aprender de tus errores para ser cada día más diestra en cualquier materia.

Ella también suaviza el corazón, para que podamos disculpar o perdonar a quien nos daña sin intención y liberarnos de quien nos daña con intención. Nos permite descubrir qué debemos observar para ponernos alerta con respecto a personas que aún no han aprendido a amar/amarse o que están muy heridas y enojadas.

Te muestra cómo volver a la inocencia a través de la transmutación y liberación de lo que has vivido. También a conocer a las personas, a observarlas con detenimiento para ver sus intenciones y a no culparte de lo que no es tu responsabilidad.

Le gusta usar delantales color violeta, lleva zapatos morados, tiene lentes y usa aretes de amatista. Toca el arpa y escribe bellos poemas. Le gustan los quequitos con arándanos y la leche con lavanda. Ella canta porque «quien canta su mal espanta». Huele a lavanda y violetas.

Ella te entrega el amor, aceptándote tal cómo eres, con tus luces y sombras, porque sabe que en tu humanidad reside la verdadera belleza.

¿En qué aspectos tuyos está presente la abuela Violeta?

¿Hay algo que necesitas perdonar o perdonarte?

¿Cuánto lugar ocupa en tu ser el resentimiento?

Al unir los 21 cuadrados color azul surge:

La abuela Suspiro

Calmada y observadora, más silenciosa que las demás, está dispuesta a proteger a su clan. Es estratégica y sabe ser compasiva con quienes se equivocan y, además, está dispuesta a enseñarles si se lo permiten. Asimismo, es enérgica, cuando es necesario, y pone límites claros.

Le gusta salir en la noche y observar las estrellas, de esta manera toma conciencia de que somos seres terrenales y cósmicos a la vez, habitando un pequeño territorio de un continente, en un hermoso planeta azul, en el brazo de Orión y en la bellísima Vía Láctea. Esto la hace ver los problemas y situaciones desde una perspectiva diferente, sin perder la empatía por nuestros pequeños grandes dolores humanos, por eso también te puede acompañar cuando algo o alguien te molesta, para que te calmes y busques la mejor forma de reaccionar, para que no te afecten tanto las bromas o burlas de otros.

Te protege siempre, te va enseñando a cuidarte a ti misma y también te enseña a reconocer los peligros. Te muestra la diferencia entre inocencia e ingenuidad. Ella te ayuda a entender que a veces tienes que ponerte seria y ocupar tu lugar con convicción. No todo en tu vida será agradable y luminoso, por lo cual aprender a dar espacio a la molestia y al enojo es muy necesario y válido.

Nos han enseñado a reprimir nuestro enojo y a conciliar siempre para llevar la fiesta en paz y, la verdad, es que por algo se nos dio la paleta de emociones con todos sus colores. A veces necesitamos, de manera desesperada, expresar nuestro dolor, molestia, enojo o displacer. Entonces, de vez en cuando, la guerrera que nos habita tiene que salir para usar su sabia estrategia, con el fin de no permitir injusticias ni transgresiones.

Mientras antes detectemos nuestro malestar y lo manifestemos con facilidad, mejor fluirá y saldrá de nosotras, protegiéndonos de mayores transgresiones y molestias. En estos casos, las siete abuelas suelen reunirse en un círculo, juntando sus cabezas y sus dones para buscar la mejor forma de dar la más poderosa, fuerte, compasiva y clara respuesta.

Suspiro usa un vestido color azul índigo y una capa muy roja. Tiene un bastón de madera de roble y siempre la acompañan pájaros y pequeños animales. Ella puede interpretar las señales que la madre naturaleza va dejando en su camino.

Le gusta comer moras, arándanos y huele a romero y pino.

Ella te entrega su amor cuidándote, siendo seria y firme, cuando es necesario.

¿En qué aspectos tuyos está presente la abuela Suspiro?

¿Conoces a alguna mujer en la que se exprese la energía de Suspiro? ¿Quién es?

¿Tienes claros tus límites y reconoces los de los demás?

Al unir los 24 cuadrados color verde surge:

La abuela Melisa

Sabe cómo sanarte cuando te enfermas o te duele algo, te recuesta y te acurruca dulcemente, te deja dormir y te prepara una sopita. Te cuenta cuentos y si estás triste te consuela. Te acompaña en silencio cuando quieres estar sola, ella se queda tejiendo en un rinconcito. Nos enseña que, cuando somos mayores, una parte importante de la sanación va de la mano con la verdad, para poder ver y reconocer nuestra realidad y dejar de lado las ilusiones que no nos permiten ver lo que somos, porque muchas veces es doloroso y es más fácil maquillarlo, no obstante, esto no nos permite la sanación real.

A la abuela Melisa le gusta usar las gemas del reino mineral para ayudarte con su energía, en especial las verdes, como malaquita, el cuarzo verde, la esmeralda. Tiene caminos secretos en el bosque para llegar a lugares muy bellos, los que cuida para que no sean destruidos. Te habla a través de las plantas y las flores que son seres espirituales de elevada vibración, que tienen siempre dones y regalos para nosotros, si aprendemos a mirarlos desde el corazón.

Hay otra sanadora muy importante del reino natural: el agua que es siempre un regalo y una bendición; ella limpia y guarda información. Si miras los rayos del sol reflejándose en el agua verás y sentirás mucha belleza. La belleza es sanación y las plantas y seres de la madre naturaleza son belleza.

Esta abuela usa un vestido verde musgo, un delantal verde limón y tiene un sombrero con flores. Le gusta beber infusiones y comer frutas de estación. Huele a eucaliptus y melisa.

Ella te entrega su amor sanándote y conteniéndote cada vez que estás herida, no le importa cuántas veces tropieces con la misma piedra, allí estará ella, porque sabe que aquello que más nos cuesta aprender puede ser nuestra maestría y confía en que, con el tiempo, sabremos transformarlo en don. Por esta razón, siempre te dice: «no importa lo que te dé la vida, tú tienes el poder de transformarlo en oro».

¿En qué aspectos tuyos está presente la abuela Melisa?

¿Conoces a alguna mujer en la que se exprese la energía de esta abuela? ¿Quién es?

¿Aplicas el descanso como medicina preventiva?

Al unir los 28 cuadrados color blanco surge:

La abuela Alba Rosa

Es la más ancianita y silenciosa, siempre está tejiendo de todo: telar, crochet, macramé, frivolité... ¿por qué lo hace? Porque sabe que la vida es tejer y destejer una y otra vez. Somos parte de un tejido, red, manto de vida conformado por todos los seres y cuando encuentras tu lugar y tus dones para aportar a este bello manto, también puedes reconocer el lugar y los dones de todos los seres.

Cuando tomas conciencia de la coexistencia, de la interdependencia de todos los seres, has descubierto que tú eres parte de un entramado maravilloso, la red de la vida; entonces no te puedes sentir nunca más sola.

Alba Rosa va contando historias que te ayudan a encontrar tu camino cuando te sientes confundida. Te acompaña de lejos y se acerca cuando te sientes perdida. Te habla a través de la brisa y el viento. Cuando llueve le gusta recostarse a tu lado para susurrarte algún cuento y enseñarte la paciencia del invierno y del silencio, cuando hay que anidar un poco para que todo vuelva a crecer con más fuerza y más belleza. Para esto te enseña a cortar lo que te quita fuerza y lo que ya no es parte de tu vida: ideas, actitudes, relaciones, trabajos, en fin, es una gran podadora.

La paciencia es su mantra, ella ya no tiene apuro y solo se enfoca en que cada situación se proyecte hacia su mayor bien; por ello puede saborear una rica taza de té concentrándose en cada sorbo, como si fuese la más bella sinfonía del universo.

Ella también es el reflejo más cristalino del reencuentro con la inocencia, donde podemos ver la verdadera realidad del amor que nos permite percibir lo genuino en cada situación. En vez de andar viendo de manera automática malas intenciones y creando dramas, nos ayuda a aprender a observar. Ella puede separar lo verdadero, sin que se impregne de los errores, del egoísmo, la codicia y las malas intenciones. Ve la profundidad y la belleza que habita en cada ser y en cada situación, por compleja que sea. Reza, ora o envía energía para que esa situación manifieste el mayor bien y su máximo potencial, hecho que, aunque no sea lo más agradable de la vida, es lo correcto.

Ella te apoya y te guía siempre incondicionalmente, te enseña a tener paciencia y a habitarte a plenitud con tu respiración, agradeciendo y bendiciendo tu cuerpo.

Así va pasando el tiempo y como ella confía tanto en ti, cuando estás lista te deja partir, te suelta porque sabe que saldrás adelante, a pesar de que te cueste un poco. Sabe que parte de su deber es volver sola a su cabaña y rezar por ti. Siempre la puedes reencontrar en tu corazón, en sueños o en la cabaña de las ancestras.

Usa un blanco vestido largo y un delantal de encaje, tiene una capa verde con capucha, para cuando sale, y un bastón de madera de rosa para apoyarse. Cuando está en casa usa hermosos chales blancos tejidos por ella. Muchas veces, en la noche, anda con un farol para iluminar. Le gusta el postre de leche nevada, el aroma de las rosas blancas y el jazmín. Ella te entrega su inmenso amor, soltándote y confiando por completo en ti.

¿Conoces a alguna mujer en la que se exprese la energía de la abuela Alba Rosa? ¿Quién es?

¿Cuál es la cosmovisión que tienes de la vida y la muerte?

¿En qué aspectos tuyos está presente Alba Rosa?

MALVA

Después de un largo tiempo, en el que fui plasmando las palabras para concretar este relato, sucedió algo que me sacó, una vez más, de la estructura: un día percibí a las siete abuelas formando un círculo o una ronda. Estaban muy felices, con una actitud de cómplices y aliadas me miraban de reojo como pensando: «¿a que no sabes con lo que te sorprenderemos ahora?». Luego de un instante ellas abrieron su secreto círculo mágico y apareció Malva... tan bella, tan suave, en un tono rosa sutil y delicado, casi translúcido, y yo las miré como diciéndoles, «pero ¡cómo! Se supone que son siete, ¡no pueden ser ocho!». Escuche risas y más risas, pues cuando ellas ríen... se ríen.

Malva Real encarna el amor, la dulzura, la inocencia y la compasión, no es una abuela, o tal vez sí. Ella es como esos atardeceres rosas, como algodón de azúcar, como una kuncita (una gema de un maravilloso tono rosa). Su energía se siente como la que transmite un bebé o una niña pequeña cuando ríe o cuando duerme. Quizá ella es una frecuencia que surge de las abuelas al conectar conmigo o es el tesoro-regalo que se encuentra luego de transitar este sendero de la mano de las siete abuelas. La verdad, no lo sé, pero sí sé que desde ese día ando encontrando símbolos de Malva Rosa y siento todas sus cualidades vibrando muy bonito a mi alrededor.

Puede ser que en el tránsito que realices de la mano de las siete abuelas, ellas también tengan una frecuencia del reino vegetal para ti o de otro reino, de acuerdo con lo que necesites.

Solo percibe desde tu corazón, abriendo tu visión interior y tal vez recibas una hermosa visita.

¿CÓMO CONECTAR CON LAS ABUELAS?

Yo creo que es muy, muy simple, pero como a nosotros nos encanta lo complicado, eso lo hace más complejo. Es sencillo, porque ellas te habitan, es decir, no hay que ir a buscarlas a ninguna parte, están en ti y si simplemente te observas, silenciando el ruido mental, puedes percibirlas en tu vida cotidiana. Puede que alguna esté muy presente y otra esté más escondida, pero están. Búscalas en tu jardín y si no tienes jardín, búscalas en una plantita, ellas harán que brote tu imaginación creadora y encontrarán las vías para expresarse.

Un día estaba caminando y reflexionando que, para conectar con Melisa, por ejemplo, necesitaría una plantita de melisa, pero no, más bien se rieron un poco de mí y mi estructura, pues ellas no necesitan cosas tan precisas y complicadas. Por esta razón, el camino para encontrarlas es el mismo que debes transitar para encontrarte a ti misma; o sea cualquier planta o hierba verde la evocará; así como una gema de color verde o el agua, porque ella representa a la naturaleza sanadora y tú eres parte de esa naturaleza.

Siente que perteneces a ella, como ella pertenece a ti. La naturaleza siempre está esperándote, siempre está enviándote sus mensajes; aguarda por ti, con todo su amor y entrega, anhelando que sea el momento preciso y perfecto para que enfoques tu corazón y tus ojos del alma en ella, que te sonríe tiernamente.

También puedes conectar con ellas a través de sus aromas, sus colores y sus comidas favoritas y, por supuesto, a través de sus acciones.

Las abuelas me enseñaron algo muy liberador: a reírme de mí misma.

Estaba un día en mi «laboratorio», realizando un producto natural y me equivoqué en la preparación, me vi asustada y regañándome por lo que había hecho (a la vez niña y adulta), ya que siempre trato de hacer todo bien. De repente, veo en mi corazón a las siete abuelas cayendo de espalda de tanto reírse de mí. De verdad fue una visión muy divertida, liberadora y sanadora para mi niña (asustada) y para mi adulta criticona (que me regañaba). Ellas son pura luz, ya no les importa el qué dirán, ni el deber ser, ni las etiquetas. Gracias, abuelitas lindas.

SOBRE SUS NOMBRES

Las siete abuelas no llegaron con nombre. Bautizarlas fue una labor que me regalaron y veo que eso fue un gesto de confianza y libertad. Decidí bautizarlas con nombres de plantas y flores que asocié a sus colores y energías, ya que si hay algo que nos ayuda a sanar es el amor del reino vegetal.

La primera abuela se llama Rayito de Sol, por la plantita que siempre ilumina los jardines con sus flores en verano, herbácea, suculenta y perenne.

La segunda abuela se llama Alegría, por la plantita llamada «alegría del hogar», que es generosa en su floración y de muchos colores; de crecimiento rápido y resistente, como debiera ser nuestra alegría.

La tercera abuela se llama Añañuca, por la planta del norte. Crece fuerte en el desierto, bulbosa y perenne. Ella sabe cómo sobreponerse a la adversidad y seguir floreciendo.

La cuarta abuela se llama Violeta, por la planta con hojas en forma de corazón, que da flores pequeñas de fragancia dulce, que parecen esconderse entre sus hojas.

La quinta abuela se llama Suspiro, por la flor azul que se enreda y crece con sus hermosas flores tubulares y que también tiene hojas en forma de corazón.

La sexta abuela se llama Melisa, por la planta también llamada «toronjil pa' la pena», hoja de limón o limoncillo. Nos ayuda cuando nos invade la tristeza. Sirve para relajar y desinflamar.

La séptima abuela se llama Alba Rosa, en honor a la rosa blanca silvestre, que nos ayuda a conectarnos con la inocencia y la sabiduría.

Y finalmente Malva o malva real, planta que crece muy alta y que da hermosas flores, la malva de este relato es la de un tono rosa suave.

LA CABAÑA DE LAS ABUELAS ANCESTRAS

Existe una cabaña donde se reúnen todas las abuelas para la luna llena o fechas importantes, como cumpleaños, Navidad o cambios de estación. Son muy felices cuando se juntan, cada una llega con algo rico para comer o beber, conversan de lo lindo y pueden danzar, jugar, rezar, hacer un ritual o ceremonia, en fin, lo que sea perfecto para ese día.

También les gusta peinarse entre ellas y darse grandes abrazos. Se turnan para contar historias y beben un poquitito de licor dulce. Si alguna está de cumpleaños, le cantan y le hacen creativos, amorosos y divertidos regalos.

Desde lejos se escuchan las risas de Alegría del hogar y Rayito de Sol, Melisa llena toda la cabaña con sus hierbas aromáticas y Rosa Alba siempre encuentra un momento para contar un bello cuento; Suspiro suspira de tanto reírse y Añañuca prepara una rica torta desde la mañana; Violeta toca su arpa y canta bellas canciones.

Tú puedes viajar en sueños y a través de la imaginación a esa cabaña, para disfrutar de esas lindas fiestas sin que te vean, solo trata de no reírte tan fuerte con sus chistes y travesuras para que no te descubran.

Cuando termina la fiesta, salen todas apuradas de vuelta a la chakana, por eso también puedes ver el arcoíris de abuelas ancestrales volviendo a sus hogares, iluminando con su luz y esencia. Bendiciendo el planeta completo.

Te cuento que puedes crear tu propia cabaña y anidarla en tu corazón. En esa cabaña puedes ir a encontrarte con cada una de las abuelas, cuando las necesites o quieras disfrutar y acunarte en la compañía de las ancestras que transitan desde tu espíritu a través de tu sangre. Recuerda: ellas siempre están ahí esperándote, esperando que te adentres en el vasto paisaje interior de tu ser que es tu propio universo, tu microcosmos.

DISEÑANDO TU CABAÑA

Un precioso ejercicio que puedes realizar es crear tu cabaña. Puedes tomarte un tiempo para pensar y sentir cómo sería tu cabaña soñada. Yo diseñé la mía y se llamó, por un tiempo, «la cabaña del bosque donde siempre llueve», porque me encanta la lluvia.

Es fantástico crear un lugar etérico para conectar con la madre naturaleza desde tu corazón; donde puedes pedir la ayuda y presencia de seres esenciales que se encuentran en los cuatro sagrados elementos: agua, tierra, aire y fuego, así como en cada hierba, planta, árbol, flor o fruto, y en cada piedra y habitante no humano de la naturaleza. De esta manera, puedes honrar a ese ser espiritual de elevada vibración que es parte del manto de la vida.

Te invito a crear tu cabaña desde tu corazón.

¿Cómo imaginas tu cabaña?

¿Cómo la decorarías?

¿Qué objetos te gustaría tener en ella?

¿Tendrías un jardín? ¿Cómo sería?

EL MANTO DE VIDA

Hoy no puedo concebirme ni concebir la vida, mi vida, de una forma aislada, individual o separada. Sé que somos y damos forma a un bello manto de vida, en el que los seres que urdieron el tejido ya están más allá de nuestra visión física. Así como sé que cada paso que di no hubiese sido posible sin la huella o el sendero que me dejaron humanas desconocidas, quienes me heredaron la sed de sentido, la búsqueda de libertad y el amor profundo.

Este manto, esta red de vida, de ninguna manera está solo formado por seres humanos, está compuesto por miles de seres visibles e invisibles de cada reino: mineral, vegetal, animal, humano, ancestral y cósmico.

Ese lugar único y específico que tenemos el privilegio de habitar cada una de nosotras en este manto de vida, no puede existir sin la interdependencia con todo lo demás. Lo percibo, a la vez, como capas donde habita el pasado, el presente y el futuro, todo al unísono. Por eso, cada acción que desarrollamos puede ser transformadora o perpetuar patrones de estancamiento. Es nuestra responsabilidad afinar este instrumento que somos cada uno, cada una, para no desafinar en esta sinfonía planetaria y universal.

Si hay algo que caracteriza a esta red de vida es la creación constante de posibilidades. Nada es lineal, al parecer es espiralado. Es ilimitado en cuanto a las oportunidades que da de aprender y desaprender. Siento que es todo lo paciente y compasivo que puede ser.

Las abuelas ancestras ya han realizado todo su trabajo de afinación, no juzgan, no maquillan situaciones, no son condescendientes, no tienen expectativas. Son por completo originales y auténticas, no tiene nada que demostrar y no tienen nada que perder. Desde su lugar, en el manto de vida, pueden ser solo cualidad y luz. Ellas tienen la visión del águila para poder comprender el tejido completo de la vida, este entramado complejo y delicado que formamos todos los seres y, desde ese nivel de comprensión, te encaminan y alientan.

Tu vida es un regalo, un tesoro que puedes descubrir cada día. Aprender a honrarla es aprender a honrar el manto de vida del que formas parte.

CELEBRAR A LAS ABUELAS Y LOS ABUELOS

Cuando un abuelo o una abuela culmina su tránsito y deja esta tierra, este plano, para muchas nietas y nietos es un tiempo de mucho dolor. Sus hijas e hijos pueden sentir que, de alguna forma, pierden sus raíces. Sin embargo, a la vez, es una invitación a avanzar en la línea de responsabilidad y convertirse en las raíces de los y las más jóvenes, asumiendo las tradiciones familiares, la transmisión de la herencia y dones del clan; por lo tanto, es el tiempo de madurar aún más.

No es algo racional, ni consciente. Cuando yo lo viví no tenía esta visión, la fui desarrollando a través de mi trabajo en el acompañamiento de personas que atraviesan por procesos de duelo, y fue muy tranquilizador poder verlo de esta forma. Por supuesto, si las abuelas han sido muy cercanas, habrá dolor y duelo, lo que es necesario y forma parte de la experiencia humana. Pero, al mismo tiempo, siento que las abuelas siempre quieren dulcificar y profundizar las experiencias, para que de ellas brote luz a borbotones, como del manantial de la vida.

Todo tiene un significado más luminoso y amoroso al que podemos acceder con la fe, la inocencia y la confianza de que estamos caminando por un sendero precioso, que está más allá del nacimiento y la muerte física. Esta compresión está limitada por nuestros sentidos terrenales, pero, con trabajo y búsqueda espiritual, podemos encontrar tesoros de sabiduría y retazos de comprensión.

A otras personas les pudo haber sucedido lo mismo que a mí, que no tuvieron una conexión, por diversos motivos, con sus abuelas y abuelos. En ese caso, igual pueden reclamar la dulce herencia de sus dones, pues no es posible que un ser humano que haya sido parte de tu linaje, aunque no fuese tu aliado, no te dejase una herencia luminosa. También puedes buscar más atrás, en tus antepasados, y confiar en que hay bellos tesoros que te pertenecen por herencia. Para mí surgieron en la forma de este relato, para otros pueden aparecer de múltiples maneras.

A MANERA DE CIERRE

Comencé esta vida en la tierra sin una abuela que me enseñara sus secretos. Esa abuela fue alguien que en realidad anhelé en mi corazón durante muchísimo tiempo y, tras un recorrido de 58 años, la chakana me entregó siete abuelas ancestras para compartirlas con todas aquellas personas que por resonancia lleguen a este relato. Ya que ser abuela es un oficio un poco desconocido, al invocar a estas ancestras, ellas felices te guiarán y compartirán sus dones, que son tus dones.

Todas y todos necesitamos abuelas y abuelos, porque son las raíces de nuestro linaje. Las necesitamos como niñas-nietas para jugar y soñar; las necesitamos como cómplices en nuestra adolescencia; las necesitamos como guías en nuestros embarazos, partos, puerperios y lactancia; y, finalmente, las necesitamos como modelos de amor y sabiduría, cuando comenzamos a transitar el camino de transformarnos en abuelas para nuestros nietos o para nuestra comunidad.

Además, las necesitamos para nosotras mismas, pues de ellas venimos y hacia ellas volveremos. Las necesitaremos cuando nuestros cuerpos adopten formas diferentes a las valoradas por la industria cultural y cuando nuestros cuerpos terminen su tarea, pues siento que ellas estarán esperándonos para darnos una bienvenida en nuestros nuevos trajes de luz.

Hay un secreto muy guardado: ser abuela es un espacio de poder creativo inconmensurable, pues las abuelas guardan en sí mismas toda la historia del pasado, del presente y de un mejor futuro. Por eso tenemos que cultivarnos para ser las mejores abuelas, no para otros, sino para nosotras mismas. Si no aprendemos a cuidarnos, a disfrutarnos, a descansar, a reírnos y tener una visión profunda y ligera de la vida, ¿cómo llegaremos a esa etapa? Esa etapa donde puedo disfrutar sabiendo y saboreando que todo lo que necesito está dentro de mí y que mis cómplices y guías son la madre tierra y el universo infinito, de ella vengo y hacia él volveré, en este viaje apasionante de ser y haber sido «yo».

MOMENTO PARA AGRADECER

Rachel Fitzgerald:

En este camino, tuve muchas oportunidades de compartir con personas preciosas que me fueron entregando trocitos y retazos de comprensión. Muchas mujeres tuvieron el rol de maestras y guías, quienes confiaron en mí antes de que yo lo pudiera hacer.

Hubo una mujer muy especial, quien se autoproclamó mi abuela guardiana. Solo ahora que recibo este relato, de esta forma tan sorprendente, como un portal que se abrió para conectarme con energías tan puras y poderosas, puedo dimensionar el regalo que ella me trajo con su presencia y lo que me quería transmitir.

Ella fue la primera mujer que me mostró de manera clara y mágica que existen personas que pueden ver más allá del mundo físico. Ella es mi abuela en el sentido de conectarme con esta posibilidad que tengo de percibir, sentir y estar en dos mundos a la vez. Sin la sincronía de la vida y el universo, si no se hubiese producido ese encuentro, estoy segura de que yo no estaría aquí hoy escribiendo este relato.

De una manera misteriosa, ella le dio un sentido más profundo a mi vida, ella fue magia pura y me enseñó tanta belleza, que atesoro su recuerdo, como esos atardeceres en tonos rosa que me hacen sentir abrazada por la vida.

Rachel Fitzgerald, sembraste una poderosa semilla en mi corazón que germinó, dio flores y frutos. De verdad, he compartido las claves de tus enseñanzas con muchísimas mujeres, y no solo eso, también esa forma cercana de contener, de transmitir confianza, de ser tremendamente humana en tu rol de abuela. Tienes un gran linaje repartido en este territorio, como una red en la que he compartido con otras mujeres lo que tú me diste a mí, con tanta generosidad, sabiduría y delicadeza. Gracias y bendiciones eternas para ti, mi amada abuela guardiana.

MÁS AGRADECIMIENTOS

A las mujeres que fueron guías en mi camino, quienes me mostraron un sendero trascendente, creativo y rebelde. Aquellas que me impulsaron a descubrir que en mí estaba el mayor tesoro, ese tan buscado y anhelado.

A Paulina Azar †, maestra, guía, docente, orientadora y amiga.

A Nora Montero Orientadora †, quien confió en mí y me ayudó a encontrarme con mis dones en el inicio de mi camino.

A Maruja González, Judy Ress, Margarita O´Rourke, Margarita Milne, Pat Cane, quienes crearon un sueño hermoso y me permitieron, a través del ecofeminismo y una espiritualidad amorosa y liberadora, comprender la vida de una forma más amplia y esperanzadora.

A Luisa Toledo †, mujer guerrera que me dio el regalo de permitirme entrar en su tierno corazón y compartir su presencia.

A Yasmin San Martín, gracias por ampliar mi visión de la dulce medicina del colibrí.

A Teresita Rivera †, mujer sabia, sencilla, valiente y tierna que me enseño sobre hierbas y tejidos.

A Luciana María Pallares quien me acompañó y dio valor en la búsqueda de editoriales.

A Pepe Valdivia que generosamente me apoyó con su trabajo fotográfico.

A todas mis maravillosas amigas del alma, quienes me han sostenido y bendecido con su cariño.

A la cabaña del Centro Tremonhue que se transformó en un útero contenedor en donde un sueño se transformó en realidad.

Gracias a todas por su luz, que nunca se extingue en mi corazón.

Bendiciones de colibrí pulsando el corazón
de la «tribu arcoíris».

Si quieres contactarte con la autora para comentar tu experiencia con el libro, ampliar esta visión, participar en talleres o sesiones individuales con la medicina de las siete abuelas de la chakana, comunícate a: sieteabuelasdelachakana@gmail.com

Lecturas recomendadas

Infinito amore (Janet Toya)

Escritura emocional. Voces del alma (Ana Vásquez O.)

Conócete a ti mismo (María Rosa Ibarra)

Frases (Volumen I) (Jenny Arias)

Orar para el alma (Pía Baltra)

www.ingramcontent.com/pod-product-compliance
Lightning Source LLC
LaVergne TN
LVHW040958150826
845672LV00002B/745

* 9 7 8 6 1 2 5 0 7 8 2 2 3 *